国家出版基金项目
NATIONAL PUBLICATION FOUNDATION

记住乡愁

——留给孩子们的中国民俗文化

刘魁立◎主编

传统节日辑（一）

中 元 节

吴新锋◎编著

本辑主编 刘晓峰

黑龙江少年儿童出版社

编委会

序

　　亲爱的小读者们，身为中国人，你们了解中华民族的民俗文化吗？如果有所了解的话，你们又了解多少呢？

　　或许，你们认为熟知那些过去的事情是大人们的事，我们小孩儿不容易弄懂，也没必要弄懂那些事情。

　　其实，传统民俗文化的内涵极为丰富，它既不神秘也不深奥，与每个人的关系十分密切，它随时随地围绕在我们身边，贯穿于整个人生的每一天。

　　中华民族有很多传统节日，每逢节日都有一些传统民俗文化活动，比如端午节吃粽子，听大人们讲屈原为国为民愤投汨罗江的故事；八月中秋望着圆圆的明月，遐想嫦娥奔月、吴刚伐桂的传说，等等。

　　我国是一个统一的多民族国家，有56个民族，每个民族都有丰富多彩的文化和风俗习惯，这些不同民族的民俗文化共同构筑了中国民俗文化。或许你们听说过藏族长篇史诗《格萨尔王传》

中格萨尔王的英雄气概、蒙古族智慧的化身——巴拉根仓的机智与诙谐、维吾尔族世界闻名的智者——阿凡提的睿智与幽默、壮族歌仙刘三姐的聪慧机敏与歌如泉涌……如果这些你们都有所了解，那就说明你们已经走进了中华民族传统民俗文化的王国。

你们也许看过京剧、木偶戏、皮影戏，看过踩高跷、耍龙灯，欣赏过威风锣鼓，这些都是我们中华民族为世界贡献的艺术珍品。你们或许也欣赏过中国古琴演奏，那是中华文化中的瑰宝。1977年9月5日美国发射的"旅行者1号"探测器上所载的向外太空传达人类声音的金光盘上面，就录制了我国古琴大师管平湖演奏的中国古琴名曲——《流水》。

北京天安门东西两侧设有太庙和社稷坛，那是旧时皇帝举行仪式祭祀祖先和祭祀谷神及土地的地方。另外，在北京城的南北东西四个方位建有天坛、地坛、日坛和月坛，这些地方曾经是皇帝率领百官祭拜天、地、日、月的神圣场所。这些仪式活动说明，我们中国人自古就认为自己是自然的组成部分，因而崇信自然、融入自然，与自然和谐相处。

如今民间仍保存的奉祀关公和妈祖的习俗，则体现了中国人崇尚仁义礼智信、进行自我道德教育的意愿，表达了祈望平安顺达和扶危救困的诉求。

小读者们，你们养过蚕宝宝吗？原产于中国的蚕，真称得上伟大的小生物。蚕宝宝的一生从芝麻粒儿大小的蚕卵算起，中间经历蚁蚕、蚕宝宝、结茧吐丝等过程，到破茧成蛾结束，总共四十余天，却能为我们贡献约一千米长的蚕丝。我国历史悠久的养蚕、丝绸织绣技术自西汉"丝绸之路"诞生那天起就成为东方文明的传播者和象征，为促进人类文明的发展做出了不可磨灭的贡献！

小读者们，你们到过烧造瓷器的窑口，见过工匠师傅们拉坯、上釉、烧窑吗？中国是瓷器的故乡，我们的陶瓷技艺同样为人类文明的发展做出了巨大贡献！中国的英文国名"China"，就是由英文"china"（瓷器）一词转义而来的。

中国的历法、二十四节气、珠算、中医知识体系，都是中华民族传统文化宝库中的珍品。

让我们深感骄傲的中国传统民俗文化博大精深、丰富多彩，课本中的内容是难以囊括的。每向这个领域多迈进一步，你们对历史的认知、对人生的感悟、对生活的热爱与奋斗就会更进一分。

作为中国人，无论你身在何处，那与生俱来的充满民族文化DNA的血液将伴随你的一生，乡音难改，乡情难忘，乡愁恒久。这是你的根，这是你的魂，这种民族文化的传统体现在你身上，是你身份的标识，也是我们作为中国人彼此认同的依据，它作为一种凝聚的力量，把我们整个中华民族大家庭紧紧地联系在一起。

《记住乡愁——留给孩子们的中国民俗文化》丛书，为小读者们全面介绍了传统民俗文化的丰富内容：包括民间史诗传说故事、传统民间节日、民间信仰、礼仪习俗、民间游戏、中国古代建筑技艺、民间手工艺……

各辑的主编、各册的作者，都是相关领域的专家。他们以适合儿童的文笔，选配大量图片，简约精当地介绍每一个专题，希望小读者们读来兴趣盎然、收获颇丰。

在你们阅读的过程中，也许你们的长辈会向你们说起他们曾经的往事，讲讲他们的"乡愁"。那时，你们也许会觉得生活充满了意趣。希望这套丛书能使你们更加珍爱中国的传统民俗文化，让你们为生为中国人而自豪，长大后为中华民族的伟大复兴做出自己的贡献！

亲爱的小读者们，祝你们健康快乐！

二〇一七年十二月

目 录

中元节概述

| 中元节概述 |

中国有三大鬼节，清明节、中元节和寒衣节。其中清明节对人们的影响最大，并传承至今，已成为国家的法定节假日。中元节和寒衣节的传承虽然不及清明节，但是在民间至今仍保持着鲜活的生命力。相比较而言，中元节与清明节、寒衣节又有所不同。清明节、寒衣节皆是向逝去的亲人和祖先寄托哀思，而中元节不仅仅如此，它是一个"众鬼狂欢""人鬼共娱"的节日。中元节是道教的名称，民间俗称"鬼节""七月半"，佛教称之为"盂兰盆节"。节日期间，人们以独特的方式表达对逝去之人的追思和敬畏，通过招魂和普度，以放河灯、烧纸锭、设置水陆道场等多种形式祭祖、敬鬼。

世界上真的有鬼吗？《礼记·祭法》中记载："大凡生于天地之间者皆曰命。其万物死皆曰折，人死曰鬼。此五代之所不变也。""鬼魂"这一概念的起源非常古老，在我国的商周时期就尚鬼，这是一种传统。这种传统不宜从科学的角度来看待或分析，这是人类精神信仰层面的问题。客观世界中，自然没有鬼；但是人的心中却有鬼，鬼是人的想象，鬼的世界是人的世界的映射。

如此，我们也就不难理解尚鬼的传统和中元鬼节存在的必要性了。

人们把农历七月称为"鬼月"，相传"七月初一鬼门开，七月十五鬼门关"。因此，中元之夜是缭鬼、敬鬼、送鬼、超度的最后机会。

根据文献记载，在唐代中元节时会放假三天。《唐会要》卷八十二有关于休假的条例，所载大历四年（公元769年）七月十三日敕有："七月十五日前后各一日，宜准旧例休假。"敦煌文献《大唐新定吉凶书仪》中也有记载："三元日，正月十五日上元、七月十五日中元、十月十五日下元。右件上（中）元准令各休假三日，下元日，休假一日。"《唐语林》卷七中记载："大中十二年七月十四日退朝，宰相夏侯孜独到衙门……时中元休假，通事舍人无在馆者。"这些记录足以表明唐代时中元节是国家的法定节日之一。

中元节到底是怎样的一个节日？让我们考源流变迁，通古今中外，览东西南北，一起来了解一下这个神秘的节日吧！

七夕星妃退，中元又复还
——中元节的起源

七夕星妃退，中元又复还——中元节的起源

"七夕星妃退，中元又复还。"这是宋代诗人沈遘的诗句，描述的是他看到七夕刚过，家人又在为中元节做准备的场景，心中感慨万千。

在中国传统文化的历史脉络里，中元节融合了儒家、佛家、道家等文化元素。虽然关于中元节起源的说法较为复杂，但是我们综合各家之言，概括起来主要有以下三种具有代表性的说法：佛教起源说、道教起源说和祭祖起源说。

｜结夏安居｜

佛教起源说

有一种说法认为中元节的起源应与佛教的"结夏安居"有关。在印度，夏季的雨季长达三个月，这期间草木虫蚁繁殖最多，为了防止外出时伤害生灵，遭世人讥嫌，佛陀于是将农历四月十六日至七月十五日订为"结夏安居"期。在此期间，出家人禁止外出，聚居一处进行修行。七月十五日是"结夏安居"期的最后一天，在这一天，寺庙要举办法会，以庆祝九十天的修行圆满。寺庙的活动自然影响到了民间，民众也在这一天设斋供僧，以期积大功德，超度祖先亡灵。

"结夏安居"结束后举行的法会后来渐渐演变为"盂兰盆会"。

民间还流传着这样一个故事：佛陀座下有一位弟子叫目连尊者，是佛陀的十大弟子之一。目连尊者的母亲青提夫人，家里十分富有，然而她却十分吝啬贪婪。其母死后被打入阴曹地府，受尽苦难。有一天，目连尊者以神通之力感受到母亲正在饿鬼道挨饿，样子惨不忍睹。目连尊者感到悲痛不已，赶紧利用其神通之力给母亲送去白饭，可是当母亲准备吃饭时，她口中喷出了火焰，白饭被烧焦了，不能食用。目连尊者见无法拯救母亲，感到非常难过，于是去问佛陀应该如何救度她。佛陀说："你不要以为自己神通广大就

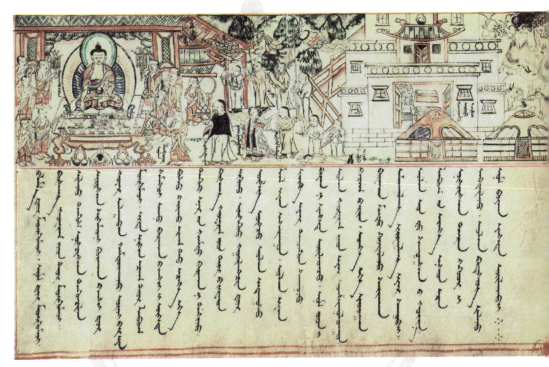

能救你的母亲！你母亲罪孽深重，你一人救不了，要靠十方众僧的法力才行，你要在七月十五日众僧结夏安居修行圆满的日子里，敬设盛大的盂兰盆供，以百味饮食供养十方众僧，依靠众僧的力量解救你的母亲。"目连尊者遵照佛陀的教诲，于七月十五日，将诚设的各种供品放在盂兰盆中，虔心礼献众位佛僧。盂兰盆会便由此而来。

《盂兰盆经》曰：

　　闻如是：一时佛在舍卫国祇树给孤独园。大目犍连

始得六通，欲度父母，报乳哺之恩。即以道眼观视世间。见其亡母，生饿鬼中，不见饮食，皮骨连立。目连悲哀，即以钵盛饭，往饷其母。母得钵饭，即以左手障钵，右手搏食，食未入口，化成火炭，遂不得食。目连大叫，悲号涕泣，驰还白佛，具陈如此。

佛言："汝母罪根深结，非汝一人力所奈何。汝虽孝顺，声动天地、天神地祇、邪魔外道、道士、四天王神，亦不能奈何，当须十方众僧威神之力乃得解脱。吾今当说救济之法，令一切难，皆离忧苦。"

佛告目连："十方众僧，七月十五日，僧自恣时，当为七世父母及现在父母厄难中者，具饭、百味五果、汲灌盆器、香油锭烛、床敷卧具、尽世甘美以著盆中，供养十方大德众僧。当此之日，一切圣众，或在山间禅定，或得四道果，或在树下经行，或六通自在教化声闻缘觉，或十地菩萨大人，权现比丘，在大众中，皆同一心，受钵和罗饭，具清净戒，圣众之道，其德汪洋。其有供养此等自恣僧者，现世父母、六亲眷属，得出三涂之苦应时解脱，衣食自然；若父母现在者，福乐百年；若七世父母生天，自在化生，入天华光。"

时，佛敕十方众僧，皆先为施主家咒愿，愿七世父母行禅定意，然后受食。初受食时，先安在佛前。塔寺中佛前，众僧咒愿竟，便自

| 道教《三官大帝》图 |

受食。

时，目连比丘及大菩萨众，皆大欢喜。目连悲啼泣声释然除灭。

时，目连母即于是日，得脱一劫饿鬼之苦。

目连复白佛言："弟子所生母，得蒙三宝功德之力，众僧威神力故。若未来世，一切佛弟子，亦应奉盂兰盆，救度现在父母，乃至七世父母，可为尔否？"

佛言："大善快问！我正欲说，汝今复问。善男子！若比丘比丘尼、国王太子、大臣宰相、三公百官、万民庶人，行慈孝者，皆应先为所生现在父母、过去七世父母，于七月十五日，佛欢喜日，僧自恣日，以百味饭食，安盂兰盆中，施十方自恣僧，愿使现在父母，寿命百年无

病，无一切苦恼之患，乃至七世父母，离饿鬼苦，生人天中，福乐无极。是佛弟子修孝顺者，应念念中，常忆父母，乃至七世父母。年年七月十五日，常以孝慈，忆所生父母，为作盂兰盆，施佛及僧，以报父母长养慈爱之恩。若一切佛弟子，应常奉持是法。"

时目连比丘、四辈弟子，欢喜奉行。

公元538年，梁武帝在同泰寺设立"盂兰盆斋"，学术界一般将其作为盂兰盆会被官方认可的标志，而盂兰盆会在民间应该已经流行很久了。后来，在《荆楚岁时记》中也有"七月十五日，僧尼道俗悉营盆供诸佛"的记载。盂兰盆会在中国的流行，体现了佛教

的中国化，西晋的竺法护翻译的《孟兰盆经》将儒家的孝道伦理通过"目连救母"的故事呈现出来，"孝"成为孟兰盆会的一个重要主题和主要特征。而孝道与祭祖文化相连，则道出了中元节的另一文化渊源。

道教起源说

中元节的称谓与道教的"三元"有关。道教认为产生世间万物的三个基本元素是天、地、水，即天为上元、地为中元、水为下元。"三元"又配有"三官"，分别为天官、地官、水官。天官紫薇大帝，主赐福，诞生于农历正月十五日，为上元节；地官清虚大帝，主赦罪，诞生于农历七月十五日，为中元节；水官洞阴大帝，主解

|《艺文类聚·岁时》|

厄，诞生于农历十月十五日，称下元节。

唐代的《艺文类聚》中记载："道经曰：七月十五，中元之日，地官校勾，搜选人间，分别善恶，诸天圣众，普诣宫中，简定劫数，人鬼传录，饿鬼囚徒，一时皆集。以其日作玄都大献于玉京山，采诸花果，珍奇异物，幢幡宝盖，清膳

13

| 古人祭祖 |

饮食，献诸圣众。道士于其日夜讲诵是经，十方大圣，齐咏灵篇，囚徒饿鬼俱饱满，免于众苦，得还人中。"这段记载主要呈现了唐代中元节的情况，从中也能知道中元节这天有普度孤魂野鬼的风俗。

后来，有人把唐尧、虞舜、大禹分别与天官、地官和水官联系起来，这其实是一种附会。这种附会的妙处在于地官与虞舜的关联。道教将中元普度与"舜子孝"的故事结合起来，也是对儒家孝道伦理的主动迎合。我们先来了解一下"舜子孝"的故事：

虞舜，瞽瞍之子。性至孝。父顽，母嚚，弟象傲。舜耕于历山，有象为之耕，鸟为之耘。其孝感如此。帝尧闻之，事以九男，妻以二女，遂以天下让焉。

舜的父亲瞽叟及继母、同父异母的弟弟象，多次想加害于他。第一次，他们计划在舜修补谷仓时烧死他，

《舜子孝图》

没想到舜手持两个斗笠跳下着火的谷仓而成功逃脱；第二次，他们计划在舜掘井时害死他，瞽叟与象填土埋井，舜挖掘了一条地道，从而成功逃脱。后来，舜不但没有怨恨家人，反而更加孝顺父亲，对弟弟也非常疼爱。这种大孝感动了上天，所以舜在厉山耕种的时候，大象替他耕地，鸟儿为他锄草。尧听说了舜的孝行，就把自己的两个女儿娥皇和女英嫁给舜，考察他如何齐家，结果发现他把家治理得很好；后来又经过多年的观察和考验，发现舜为官理事的才能也很强。最后，尧把天子之位禅让给了舜。

这种说法后来也颇具影响力，因此有些地方也把中元节称为"孝子节"。虽然道教的这种说法并没有佛教中"目连救母"的故事可信度高，但是也让道教中元节先祭祖、而后广及孤魂野鬼的做法得到了验证。

祭祖起源说

《孔子家语·哀公问政》中提到："孔子曰：众生必死，死必归土，此谓鬼；魂气归天，此谓神。"在鬼魂的信仰中，祖先的鬼魂占据最重要的位置，祭祖、崇孝自然是中华文明最为古老的文化传统之一。这种传统不仅体现在统治思想、日常生活等方面，更体现在国家和民间于一年四季不同时令举行的各种祭祀仪式上。中元节与古老的"秋尝"仪式也有关系。

什么是"秋尝"？董

| 始祖黄帝陵 |

仲舒在《春秋繁露·四祭》中说："古者岁四祭。四祭者，因四时之所生孰，而祭其先祖父母也。故春曰祠，夏曰礿，秋曰尝，冬曰蒸。""秋尝"即秋天祭祀祖先的活动。这时正值夏秋收获季节，人们将新收的粮食谷物献祭给祖先，通过一系列仪式表达对祖先的敬意、祈求得到祖先的庇佑。秋尝仪式显示出儒家崇孝的精神追求，并且对官方和民间都有一定的影响力。后来，秋尝固定在立秋后的第一个月圆之夜，即农历七月十五日。

宋代诗人陆游曾写诗《秋社》描述秋尝活动："雨余残日照庭槐，社鼓冬冬

| 古人祭祖 |

赛庙回。又见神盘分肉至，不堪沙雁带寒来。书因忌作闲终日，酒为治聋醉一杯。记取镜湖无限景，苹花零落蓼花开。"因此，从这个历史脉络来看，农历七月十五的秋尝祭祖与后来兴起的佛教盂兰盆会、道教中元节在时间、主题和精神内涵上具有高度的同一性。

秋尝代表了中国的文化传统。当佛教在中国兴起后，在本土化的过程中，吸收了秋尝中祭祖崇孝的内涵，从而有了盂兰盆会。秋尝和盂兰盆会曾经一度应该是并行的。之后，道教以"三元"之说，吸收传统儒家和佛教的内容，而最终逐渐形成了历史上的中元节。

总而言之，中元节的形成是有一个历史过程的，是随着社会文化的变迁而不断发生适应性的变化的。历史悠久的祭祖和秋尝的传统是中元节在我国形成的最古老渊源。佛教的传入、道教的兴起，都以其宗教宣传、教化世人为目的，对中元节的习俗都有不同程度的借用，从本质上讲都是为了适应中国古老的文化传统。所以，我们看到无

社鼓鼕时聚庭槐
神盘分肉巧安排
今番喜乐丰年景
联伽歡娱笑颜开

宋代秋社

论是佛教起源说还是道教起源说，都渗入了儒家文化中"孝"的伦理内容。显然，在这一过程中，佛教的盂兰盆会和目连救母的故事说明了中元节的世俗化。道教很可能受到了佛教的启发，以"三元""三官"之说，确立了其中元普度的中元节传统。中元节的这三个来源说使得其节日习俗内容变得非常丰富，祭祖、秋尝、盂兰盆会、中元普度等各种习俗在不同地区以不同的面貌呈现。中元节也因此成为神、鬼、人三界共同的"狂欢节"。

仙殿崔嵬钟磬响，纸钱灰起祭中元

——中元节古代习俗

| 仙殿崔嵬钟磬响，纸钱灰起祭中元
——中元节古代习俗 |

祭祀

祭祀是中元节最重要、最古老的习俗。在古代，皇室都在中元节期间举行盛大的祭祀仪式，祭祀仪式一般安排在重要的佛教寺庙和道观中。普通百姓也直接或间接地参与其中，当然，无法直接参与的人也都以其他方式祭祖或参加与佛教、道教相关的祭祀活动。

自唐代开始，官方在中元节举行的祭祀仪式大都与盂兰盆会密切相关，民间的中元节祭祀则多是为祖先祈福。到了宋代，官方崇尚道教，因此，宋代官方的中元节祭祖，道教仪式占据主要位置。佛教、道教祭祖的仪式对民间都有影响。

我们从南宋吴自牧的《梦粱录》中能看到详细的描述："其日又值中元地官赦罪之辰，诸宫观设普度醮，与士庶祭拔。宗亲贵家有力者，于家设醮饭僧荐悼，或拔孤魂。僧寺于此日建盂兰盆会……此日都城之人，有就家享祀者，或往坟所拜扫者。"意思是说：又到了中元节地官赦罪这一天，道教的宫观里都设"普度醮"（一种祭祀仪式），同王公贵族和士人百姓一起祭祀。富贵

| 宋代人用鸡冠花祭祖 |

人家一般是在家中提供醮饭供僧道做法事悼念祖先，祭祀孤魂；佛教的寺庙中则举行盂兰盆会……中元节这一天，城中有在家祭祀的，也有到郊外的坟地拜扫祖先的。

这段话生动地展现了南宋时期中元节的情况，在民间佛家、道家、普通百姓家都以各自的方式过节。宋代葛绍体的《题天庆观》中所写的"仙殿崔嵬钟磬响，纸钱灰起祭中元"，描述的就是中元节这天百姓们到道观里烧纸钱的情景。

到了清代，中元节依然是一个重要的节日。在清代潘荣陛编撰的《帝京岁时纪胜》"中元"条中有"中元祭扫，尤胜清明"的记载，可见祭祖仍是中元节的核心

习俗。不过，此时的中元节也有了很多世俗的内容，所谓"敬鬼"与"娱人"同在。清代有位叫王凯泰的诗人在《中元节有感》中有过这样的感叹："道场普度妥幽魂，原有盂兰古意存。却怪红笺贴门首，肉山酒海庆中元。"可见那时的中元节人们在普度的同时，同样以"肉山酒海"的方式过节。这些旧俗有很多仍留存在当代的中元节习俗中。

盂兰盆会

盂兰盆会是中元节古代习俗的重要承载仪式，这一佛教仪式有一个中国化的过程。张弓先生在《中古盂兰盆节的民族化衍变》中记载道："自东晋以迄南宋的九百年间，在中国的古老文

化和民俗传统的不断浸润熏陶下，盂兰盆斋节原有的外域宗教色彩渐趋淡化，中土民俗气息愈见浓郁。其发展演变大致经历了两个阶段："一、东晋至唐末五代（4 世纪初叶至 10 世纪中叶）：盂兰盆斋由佛寺进入民间、宫廷……二、北宋至南宋末期（10 世纪中叶至 13 世纪末叶）：盂兰盆斋、中元节普行于寺观、民间……"

以下的两个小故事可以说明当时盂兰盆会习俗的情况。

第一个故事是关于女皇武则天的。

唐代崇尚佛教和道教，但是到了武则天统治时期，佛教盛极一时，盂兰盆会因此传入宫廷之后，形成了具有皇家典范的颂孝节仪。公元 692 年，武则天在中元节这一天举行了一场盛大的盂兰盆斋活动。武则天一方面是为了表达自己对佛的至诚至敬，另一方面也是为了向百姓颂扬孝道。活动现场，文武百官恭列左右，为此，当时的诗人杨炯写了一篇很有名的《盂兰盆赋》，描述整个活动的过程。根据杨炯的记载，我们得以了解当时皇室盂兰盆会的仪俗过程：首先是"除法供，饰盂兰"，之后是"明列部伍"，然后是武则天出场，接着是"乐舞迎神""朝臣致颂"，最后"礼毕"。这是官方的盂兰盆会仪礼，而民间的百姓参与普通寺庙的盂兰盆会并没有这么复杂。

第二个小故事讲述的就是民间的盂兰盆会。

道场起度亡
还魂，夏夏
長瀛七景店
慶贺中元
贴门首頂山
由榜灵灵
活人……
中校百音代飛代
中元節

｜元代中元盂
兰盆会道场｜

这个故事记录在法国人谢和耐写的《中国5—10世纪的寺院经济》中："为了超度已故的先祖，一位和尚头戴莲花形的帽子，手捧'锡杖'、拿响环，跳着一种舞蹈，代表着穿过地狱和强迫魔鬼打开由他解脱的死者乘船渡过地狱之河，小僧侣们模拟划桨者的动作不时伴以近似淫猥的悲歌。"这段文字描绘出来的画面感很强，一位大和尚带领一群小和尚为百姓超度已故先祖，响环声声悲歌起，锡杖捣地众僧舞，百姓虔诚地跪拜在供奉的祭品面前，祈求先祖的亡灵得以超度，并护佑全家。或许在小和尚身后，有一群"不知好歹"的顽童跟着手舞足蹈呢。这段记录确实生动地再现了当时民间百姓举行盂兰盆会的情景。

在盂兰盆会期间，普通百姓最期待的事情要数听目连戏了。根据《东京梦华录》的记载："自过七夕，便般《目连救母》杂剧，直至十五日止，观者增倍。"这应该是关于目连戏最早的文献记录，也成为考察古代戏曲发展的重要文献。一方面，佛教利用在盂兰盆会期间演《目连救母》宣传佛教的教义；另一方面，普通百姓无

| 《盂兰盆会之怪状》 |

轻舟荡漾
玉波澄
中元王庙
放湖灯
笙唱伴得
坐看谭
古寺东山
月又升
月文升
古代风俗竹枝
百苦明中元
节放荷灯

论是否信佛，都把听目连戏当成节日期间的一种娱乐，认为这是一件开心的事情，双向的需求自然使得听目连戏成为中元节期间重要的传统习俗。

放河灯

放河灯，民间亦有"放荷灯"的说法，是中元节古老而有趣的习俗。南宋吴自牧的《梦粱录》中最早记录了官方在中元节"差内侍往龙山放江灯万盏"的盛况，但当时民间是否有放河灯的习俗还不清楚。明代田汝成在《西湖游览志余·熙朝乐事》中记载："七月十五日为中元节……僧家建盂兰盆会，放灯西湖及塔上、河中，谓之照冥。"由此可知，放河灯是为了给鬼魂"照冥"。

杨琳在其《中国传统节日文化》一书中提到：放河灯也称为放莲灯，灯的制作

| 放河灯缅怀故人 |

材料为荷叶，形似莲花，这说明放河灯这一习俗与佛教有关；且唐代以来的佛教轮回观念中有"奈河"之说，中元节放河灯是为孤魂野鬼进入奈河后照冥之用，只有通过奈河鬼魂才能进入冥界，因此有"照幽冥以度鬼"的说法。

到了清代，富察敦崇在其《燕京岁时记》中也有"放河灯"的记载："至中元日，例有盂兰盆会，扮演秧歌、狮子诸杂技，晚间，沿河燃灯，谓之放河灯。"同时代的潘荣陛在《帝京岁时纪胜》中的记载更加详细：

| 中元荷叶灯 |

中元祭扫，尤胜清明，绿树阴浓，青禾畅茂，蝉鸣鸟语，兴助人游。庵观寺院，设盂兰会，传为目连僧救母日也。街巷搭苫高台、鬼王棚座，看演经文，施放焰口，以济孤魂。锦纸扎糊法船，长至七八十尺者，临池焚化。点燃河灯，谓以慈航普度。如清明仪，异请都城隍像出

巡，祭厉鬼。闻世祖朝，曾召戒衲木陈玉林居万善殿。每岁中元建盂兰道场，自十三日至十五日放河灯，使小内监持荷叶燃烛其中，罗列两岸，以数千计。又用琉璃作荷花灯数千盏，随波上下。中流驾龙舟，奏梵乐，作禅诵，自瀛台南过金鳌玉栋桥，绕万岁山至五龙亭而回。河汉微凉，秋蟾正洁，至今传为胜事。都中小儿亦于是夕执长柄荷叶，燃烛于内，青光荧荧，如磷火然。又以青蒿缚香烛数百，燃为星星灯。镂瓜皮，掏莲蓬，俱可为灯，各具一质。结伴呼群，遨游于天街经坛灯月之下，名门灯会，更尽乃归。

从潘荣陛的记载来看，中元节这一天各种仪规繁多，但是最有意思的当属放河灯。孩子们兴高采烈地拿着河灯，呼朋引伴，这种童趣如今的孩子恐怕已经很难体会到了。

中元节跳钟馗

跳钟馗是民间流传比较久远的习俗。南宋吴自牧的《梦粱录·十二月》中记载："自入此月，街市有贫丐者三五人为一队，装神鬼、判官、钟馗、小妹等形，敲锣占鼓，沿门乞钱，俗呼'打夜胡'，亦驱傩之意也。"明清之际的地方志和风俗志中也有类似的记载。但这些记录都显示跳钟馗是腊月的习俗。而江南及陕西西安等地则多在端午节期间举行跳钟馗，现在我国的台湾地区在中元节期间还保留有"跳钟馗"的活动。

为什么要在中元节期间跳钟馗呢？原来这一天是众鬼狂欢的日子，但是不能让众鬼的魂魄一直留在人间，于是百姓们便想出跳钟馗的办法，希望借着钟馗的法力赶走在人间流连忘返的孤魂野鬼。

为什么钟馗会具备这种法力呢？这里又有一个传说：

唐朝德宗年间，有位文武双全的举人，名叫钟馗。钟馗虽然才华出众、武艺超群，但是长得豹头虎额，铁面环眼，满脸虬须，外貌奇丑。

有一年，恰逢秋季科举考试，钟馗一路风尘仆仆地来到长安赶考。看到京城一派繁华的景象，他第一次体会到了目不暇接的含义。见前面有个卦摊，他就走到跟前说道："先生，我是赶考的举子，还请您给我卜一卦测测吉凶，算算前程。"说着，便写下了一个"馗"字。测字先生仔细看了看他写的这个"馗"字，沉思片刻后，说道："相公此次科考，文章定然独占鳌头，但是你时运不济，到时不但名落孙山，而且凶多吉少。"测字先生停顿片刻，接着说道，"'馗'字拆开是'九'和'首'，现在时序九月，你来应试，必然名列榜首。但是，这个'首'字被抛在一边，恐怕十日内必会大祸临头，望相公谨慎才是。"钟馗听了，心想：大丈夫在世，只要行得端坐得正，怎会有大祸降临？因此，他也没往心里去，付了银子，便扬长而去。

几天后，钟馗进入考场

沉着应试，一气呵成完成答卷。当日主考官乃吏部侍郎韩愈，副主考官是大学士陆贽。两人看了钟馗的卷子后，异口同声地叹服道："此子乃奇才！奇才啊！"于是将钟馗取为第一名。德宗皇帝听说钟馗才华出众，便在金殿上召见了钟馗。见到钟馗后，德宗皇帝大为不悦，说：

"我朝取士，全在品貌全优、身言书判，此等丑陋之人，如何能点为状元？"

韩愈怜惜人才，上奏道："人之优劣，全不在貌，圣主岂不闻晏婴三尺而为齐相，周昌口吃而能辅汉，孔子以貌取人，失之子羽，万望陛下三思。"德宗皇帝沉吟片刻后说道："韩爱卿之言虽说有理，但我朝太宗帝时，曾有十八学士登瀛洲之美谈，若此人为状元，恐世人笑朕不识人才也。"宰相卢杞素来心胸狭窄，嫉贤妒能，一直想推举他的门人，趁此机会连忙跪奏道："臣以为状元须内外兼修，今科考生三百人众，岂少其人？何不另选一个。"

钟馗听完他的话后怒发冲冠，指着卢杞大骂道："如此昏官在朝，岂不误国？"说罢，挥拳向卢杞打去。德宗见状，大怒道："大胆举子，竟敢大闹金殿，还不速速拿下？"钟馗盛怒之下，顺手拔出站殿将军腰间的宝剑，高声叹道："失意猫儿难学虎，败翎鹦鹉不如鸡。"说罢，自刎而死。

德宗见钟馗盛怒之下竟自刎而死，后悔不已。为彰显爱才之意，他下旨将宰相卢杞定罪，并将钟馗以状元的身份厚葬，又封钟馗为"驱魔大神"，以斩妖除魔为己任。

因此，跳钟馗能够流传至今是有道理的。跳钟馗之后，便意味着中元节结束了。

《东京梦华录》中的中元节

为什么要单独介绍宋代孟元老的《东京梦华录》呢？因为这是一本详细记录北宋都城东京开封府城市风土人情的著作，在《东京梦华录》卷八中，孟元老详细记录了宋代开封府过中元节的情况：

七月十五中元节。先数日，市井卖冥器靴鞋、幞头帽子、金犀假带、五彩衣服。以纸糊架子盘游出卖。潘楼并州东西瓦子亦如七夕。耍闹处亦卖果食种生花果之类，及印卖《尊胜目连经》。又以竹竿斫成三脚，高三五尺，上织灯窝之状，谓之盂兰盆，挂搭衣服冥钱在上焚之。构肆乐人，自过七夕，便般"目连救母"杂剧，直至十五日止，观者增倍。中元前一日，即卖练叶，享祀时铺衬桌面；又卖麻谷窠儿，亦是系在桌子脚上，乃告祖先秋成之意。又卖鸡冠花，谓之"洗手花"。十五日供养祖先素食，才明即卖穄米饭，巡门叫卖，亦告成意也。又卖转明菜、花花油饼、馂锛、沙锛之类。城外有新坟者，即往拜扫。禁中亦出车马诣道者院谒坟。本院官给

|《东京梦华录》（作者：宋·孟元老）书影|

祠部十道，设大会，焚钱山，祭军阵亡殁，设孤魂道场。

这段记载呈现了宋代东京城市居民过中元节的习俗全貌，值得参阅。这段文字概括起来，大致包含了关于中元节以下三个方面的信息：一、节日空间；二、节日物品；三、节日活动。节日空间无外乎家庭、市井、勾栏瓦肆、宫观、道场和坟地。在不同的地方有不同的节日物品，如节日祭品、节日冥具、节日食品等。百

姓用各种各样的节日物品来祭祀祖先、神灵和孤魂，同时在中元节这天还买《尊胜目连经》、观看《目连救母》杂剧。

总之，古代中元节的习俗变迁与传统的祭祖仪式、佛教的盂兰盆会和道教的中元普度等密切相关。如今，很多古老的习俗仍在当代中国各地乃至海外华人中流传，成为中华传统民俗文化的重要组成部分。

东西南北一招魂，泪洒秋风眼倍昏——中元节当代习俗

东西南北一招魂，泪洒秋风眼倍昏
——中元节当代习俗

随着中国近现代社会的变迁，传统节日习俗也在不断地适应着社会的剧变。如今，传统节日习俗正以不同的面貌呈现在当代的中国社会中。总体而言，中元节虽然不复以往热闹的景象，但它依然留存在当代中国的各个地区。

国内当代中元节习俗
北方地区中元节习俗
北京

北京是明清两朝的政治中心，北京有关中元节的活动十分丰富。什刹海和北海小西天的中元法会非常出名，除了放焰口、烧法船外，放河灯也是主要活动之一。对于老北京人来说，在中元节放莲花灯、荷叶灯是必不可少的，荷叶从三海、什刹海、后海等地采集来，做成各式各样的荷灯，家家户户争相购买。到了晚上，北海、什刹海到处都是放河灯的人，非常热闹。宫观之中拜三官，寺庙之中举行盂兰盆会，还有祭祖、送面羊等习俗。可是，这些习俗后来却渐渐消失了。建国初期，每到中元日，北京的几大公园都会举办灯会，但主要功能是娱乐。

近些年来，北京郊区的一些寺庙（龙泉寺、戒台寺、灵光寺等）在中元节这一天会举行盂兰盆会，主要功能是祈福。2015年的中元节，北京戒台寺便在寺中的大雄宝殿隆重举行了盂兰盆会的祈福法会，参与者多是子女为父母祈祷添福添寿。

山东

根据刁统菊女士的研究调查表明：当代山东各地的中元节，无论是节期还是名称都延续了明清以来的习惯，节日习俗以祭祖（居家祭祀或上坟祭扫）为主。全省大部分的村落都会举行中元节习俗活动，其中以鲁中地区的祭祖活动最成体系、最为典型，而城市中过中元节的氛围非常淡。

在山东鲁中的莱芜地

｜漂放河灯缅怀故人｜

区，中元节这一天主要有居家祭祀祖先和上坟祭扫祖先两种方式，这两种方式有着很大的差异。在家中祭祖时，要准备好各式供品，并把房屋打扫干净，家里所有的人都要参与到这次祭拜活动中。家中的男性成员去坟前或村口迎接祖先，或在门外朝着坟墓所在的方向放鞭炮，以这样的形式迎接祖先。将祖先接回家后要在门口放置一根木棍，之后给祖先敬香、磕头、摆供，并烧纸钱和纸元宝等物，祈祷祖先保佑农作物丰收及合家平安。送祖先的时间不是固定的，有些人家是当天晚上，也有第二天再送的。祭祀仪式结束后，所有参加祭祀的人员一起聚餐。上坟祭扫祖先的形式较为简单，一般是家中男性（现在也有女性一起前往的）成员到祖先坟前摆供、烧香、敬酒、磕头、画圈、添土。

山东部分沿海、沿河地区，以前放海灯、放河灯的习俗很盛，但现在只有少部分地区保留这些习俗。

南方地区中元节习俗

相较于北方地区而言，南方地区要更加重视中元节。我们以湖南醴陵和广东潮汕两地的中元习俗为代表作介绍。

湖南

在湖南醴陵地区，中元节又叫作"鬼节"或"烧包节"，民间流传着一句俗语："七月半，鬼打仗。"相传每到农历七月初一，阎罗王就会把阴曹地府中的鬼

| 湖南醴陵烧包节 |

魂放出来享用人间的供祭，直到七月的最后一天才会关上鬼门，所以七月又被称为"鬼月"。当地民众认为七月十五日阴气最重，是给祖先带去问候和财物的最佳时机，所以这一天又叫作"烧包节"。

烧包节的祭礼一般由家中年长的男性成员来操办：首先是买火纸，在火纸上用半圆形的铁錾子錾出一排排铜钱一样的印痕来，然后一张张小心地撕开，做成冥币，再用白纸糊一个信封，将冥币装进去，封好信封，"烧包"就做成了。人们会在烧包封面的右边写上"某府某县祖宗某某人老大人收纳受用"，左边写上送交人的名字，中间写上"奉财包一束"。"烧包"封好后，还要将零钱封一两个小一点儿的"烧包"送给冥界的车夫。除此之外，人们还要提前杀一只鸡，以血食祭奠，同时洒一些血到墨盘里，用毛笔蘸了，在"烧包"上打一个勾。这些全部都准备好就可以正式"烧包"了。"烧包"时，一般要求所有的家人都到场，选择一个开阔地，铺一些柴草，将"烧包"等一起烧掉。

广东

广东潮汕地区的中元节又称"鬼节""七月半""祭孤"等。"祭孤"是比较独特的叫法。当地的主要习俗有恤孤、抢孤、放焰口、演戏、游灯等。

恤孤与抢孤：潮汕民间各地会选取不同的时间进行形式多样的"恤孤"活动，所谓"恤孤"，就是祭拜那

些死前没有亲人、死后没人祭祀的无主鬼魂的活动，也叫"施孤"。一般会由善堂组织贡品到义冢埔去修整裸露孤骨，并进行祭拜，祭拜后，会向人们发祭祀时的贡品或有编号的竹签牌子，让人们去抢，这就是所谓的"抢孤"。

七果品与鲤鱼果：潮汕地区惠来县的中元节要做七样果品：新妇仔、荷叶包、

三角楼、六角楼、鸡规团、石榴仔和普通果品。在潮安地区也会制作多种果品，但其中的"鲤鱼果"最有特色，用糯米皮包米馅儿，捏成鲤鱼的形状，皮为红色，是祭祖的必备果品。

东部沿海中元节习俗
闽南地区

打黑伞：在闽南地区，普遍流传着这样一个传说：

中元节这一天，在民间祭祀开始之后，如果你打一把黑伞，不出声地躲在伞内就可以看见各种孤魂野鬼一群群地来到供桌旁，尽情地品尝着民间供奉的丰盛祭品。

祭祀"好兄弟"：福建、台湾地区的百姓将孤魂野鬼称为"好兄弟"，在中元节会隆重地祭祀这些"好兄弟"。这大概是为了缅怀那些在闽南开发抑或东渡台湾垦殖过程中付出生命的亲友和同乡。这一活动在如今的台湾地区还十分盛行。

福建泉州

普度与祭祖：泉州地区"吃普度"是中元节期间最具特色的习俗。清代泉州设三十六铺，每铺下设镜，以前的普度是以铺、镜为单位在七月之间轮流做普度的。

一般七月十五日这一天各自祭祖，不做普度。现在中元节时，无论是泉州城区还是乡村地区，左邻右舍都开始轮流做普度，理由是怕一家一户的酒菜"供不应求"，使得普度公生气，对自己的家人不利。祭祀后邀亲唤友来"吃普度"也是泉州地区共同的特点，祭祀仪式结束后的晚饭，除亲戚外还广邀朋友来聚会，人们常常吃了这家又赶到那家去吃，这里刚吃上几口，那里催促的电话就打来了。不拘城乡，热闹的"吃普度"成为泉州地区普度全过程的一个高峰。当今泉州地区的"吃普度"活动已经具有了明显的社交功能，而且比春节期间还要热闹。

敬公妈：福建地区的一

些渔村在中元节这天要到祖厝（供奉祖先的地方，但是不一定有牌位，规模相对不大）去"敬公妈"，也就是祭祀祖先。

少数民族地区中元节习俗
壮族的中元节

广西壮族的中元节除了叫"鬼节"之外，还有一个有意思的名字，叫"鸭儿节"。这是因为在节日期间，家家户户必吃鸭祭品中必有鸭。

中元节是壮族仅次于春节的盛大节日，这一天，在外工作的人们要尽可能赶回家过节，一是表达孝心，二是希望能得到祖先的庇护。关于中元节吃鸭的习俗，主要是和南方的生活习惯有关。鸭子从春天开始放养，到了农历七月份正是最为肥美的时候，用七月的鸭子来孝敬祖先，招待各路鬼魂应该是最

| 广西文山菊花鸭宴 |

能表达心意的。

壮族中元节的节期通常在农历七月十三日至十六日。七月十三日宰杀鸭子，做米粉和糍粑，然后把各式贡品供于厅堂，先祭祖先，之后再到野外祭孤魂野鬼。野祭时，通常母亲要依次呼唤子女的小名，也就是俗称的"招魂"，目的是不让孤魂野鬼把儿女的魂魄摄走。野祭之后要焚烧"毛郎"（用金银锡箔纸剪成房子、衣服等形状），送给鬼神，俗称"超度"。之后，全家人一起用餐，晚餐的菜品与除夕之夜的菜品相仿。七月十四日的再祭祭品最为丰富，人们认为如果祭品不够丰富，饿鬼不够吃，就会出来作祟。到七月十五日或七月十六日，各家就要走亲戚，互道平安。

纳西族的中元节

纳西族的中元节在纳西语中称为"三美波季"，要持续整个农历七月份。纳西族中元节的主要习俗是祭拜祖先，分为"接祖"和"送祖"两部分。接祖和送祖的日期，每个家族虽有不同，但大多数都是固定的。有的家族七月初一就接祖，直到七月十五才送祖。在丽江古城，大多数人家都是七月初十接祖，七月十四送祖。

接祖：接祖前要煮好一碗面条，备上香火纸钱，到大门外点上香后，一边烧纸钱，一边祈祷祖先的魂灵归家。祖宗接回来以后，要在祖先的牌位前供奉上一碗面条、各色糕点、海棠果、茶水和酒，还要点上长明油灯、蜡。接祖当日的晚饭一定要

|纳西族放河灯|

备一道炒芋花，象征给老祖宗用的拐杖。节日期间，每天晚饭前要先烧香，把饭菜在牌位前敬献一下，然后拿一个碗装上冷水，把每道菜都挑上一点儿，表示先请老祖宗吃，之后家人才能坐下来用餐。

送祖：送祖这一天要请出嫁的女儿回家吃饭，炒芋花这道菜是必吃的。晚饭后，

全家一起送祖先出门，送祖的时候要把纸牌位连同纸钱一起烧掉，然后把之前供奉的所有供品装在一个盆里倒进河里，让河水冲走，还要在河边烧上几炷香。孩子们会将之前准备好的小河灯放入河中祈福。现在，在中元节这天放河灯也成了丽江古城的一个旅游娱乐项目，放河灯、许心愿，成为很多游

客的必选项目。

我国港、澳、台地区的
中元节习俗

香港潮人盂兰胜会

香港的盂兰胜会是生活在香港的潮汕人移居香港时带入的，至今已有多年的历史。2011 年，香港的盂兰胜会被列入第三批国家级非物质文化遗产名录。香港的盂兰胜会从农历七月初一开始，一直到七月底结束，活动主要包括祭祀、派平安米、福物竞投、神功戏演出等。

在盂兰胜会的最后一天会有派平安米的活动。之所以派平安米，是因为香港的潮汕商人大多以经营米业为主。除了米之外，有些盂兰胜会派发的"福品"还包括雨衣和雨伞等家居日用品。盂兰胜会期间的神功戏表演非常热闹，是重头戏。"神功"

｜香港盂兰胜会｜

是指为神做功德之意，一般神功戏会在临时搭建的竹棚里表演，多为粤剧、潮州戏及福佬戏。

香港是一个国际化的多元文化城市，与潮汕人盂兰胜会相似的节日是西方的万圣节，甚至有人将潮汕人的盂兰胜会称为"港产潮式"万圣节。

澳门的盂兰节

澳门的中元节又称"盂兰节""鬼节"，一般在农历七月十四的前后几天。人们会在自家门口或者人行道上摆放米饭、肉食等祭品，并且燃烧香烛冥锭（即纸钱）。人们相信无论是自己的祖先还是游魂野鬼都能"享受"这些祭品。

人们祭祀时，会把米饭、烧鸭、豆腐、果品等祭品摆出来，让游魂饿鬼"吃"个饱。澳门盂兰节的高潮是撒钱，20世纪二三十年代撒的是铜钱，20世纪五六十年代撒的是面值一毫的硬币，现在已经改为撒一元硬币了。盂兰节期间，澳门各处火光闪闪，烟雾弥漫，气氛颇为神秘。

台湾的中元节

我国台湾地区的中元节非常隆重，从农历七月初一开始到七月三十日结束，人们会举行各种普度活动。我们从早年鹿港地区流传的一首《普度谣》中，就能够了解该地区中元普度的盛况，歌谣内容如下：

"初一放水灯，初二普王宫，初三米市街，初四文武庙，初五城隍宫，初六涂城，初七七娘生，初八新官边，初九兴化妈祖宫口，初十港底，十一菜园，十二龙山寺，十三衙门，十四饫鬼埕，十五旧宫，十六东石，十七郭厝，十八营盘地，十九杉行街，廿后寮仔，廿一后车路，廿二船仔头，廿三街尾，廿四宫后，廿五许厝埔，廿六牛墟头，廿七安平镇，廿八濠仔寮，廿九通港普，卅日龟粿店，初一米粉寮，初二吃无聊。"

"公普"与"私普"：台湾的普度一般分为"公普"与"私普"。"公普"又称为"庙普"，在农历七月十五举行，俗称"拜七月半"，一般以寺庙为中心展开活动，由寺庙的主事者来主持。"公普"时在庙中设祭坛，祭坛前供奉各种各样

的贡品，旁边还供着纸糊的"大士爷"（阴间鬼王，由他将供品分配给众孤魂野鬼）。"大士爷"的头顶上还供着观音菩萨负责监督；"大士爷"的左右两侧各有一个纸厝（纸房），左侧是供读书人的孤魂休息的"翰林所"，右侧是供其他孤魂休息的"同归所"。"公普"结束时，要将"大士爷"烧掉，然后请鬼王召集众鬼返回阴曹地府。"私普"是以街、庄等社区为主的普度，从农历七月初一到七月三十，轮流普度。

阴庙：台湾地区隆重的中元节普度与台湾的历史有关。早期开发台湾的先民、反击日寇牺牲的军民、死于族群械斗的民众是台湾普度仪式的主要祭祀对象。先民

| 台湾抢孤大赛 |

非常畏惧鬼魂，害怕无人祭祀的孤魂野鬼会心生怨念、为祸人间。因此，台湾的先民对于中元"普度"，比在原乡时更为重视。台湾庙宇众多，其中"大众爷庙"和"有应公庙"都是祭祀无主鬼魂的阴庙。"大众爷"是鬼中的厉鬼，而"有应公"是无主的骨骸。"义民庙"供奉的"义民爷"，早期是指为清廷"剿贼平乱"而战死者。近代以来，台湾移民分为不同的族群，经常会因为争地、争水而发生械斗事件，因此而身亡者，所在的族群内便会以某某"义公"奉祀。无主女尸则集中在"姑娘庙"祭祀。海上的浮尸则称为"水流公"。

拜"好兄弟"：台湾地区俗称孤魂野鬼为"好兄弟"，这与闽南地区的称谓一致。所以，中元节普度孤魂野鬼就称为拜"好兄弟"。中元节祭拜的"好兄弟"，许多是为了保乡卫民而牺牲的。台北大龙峒的保安宫是祖籍福建同安人中元节的祭祀中心，台北盆地内同安籍人分三组轮流担任中元祭典主持。艋舺的龙山寺、清水的祖师庙分别是福建三邑（南安、晋江、惠安三县）与安溪县移民的祭典中心……从这个意义上讲，台湾中元普度强化了族群的认同感，也为不同族群社交网络的重新建立提供了契机。

放水灯：我国台湾地区的中元节所用的水灯通常是糊成小屋的形状，放在香蕉的叶茎上，里面插上一根蜡烛。过去放水灯规模盛大，现在只有基隆、新竹、新埔和桃园一带留存这一习俗。在基隆，放水灯活动是中元祭的高潮，人们在淡水河畔将上千只水灯放在河里，河面上灯光闪烁，场面异常壮观。

西方的"鬼节"——万圣节

随着全球化进程的加快，世界各地的文化交流和传播在不断扩大，我国各民族的传统文化在全球化进程中面临着各种机遇和挑战。换句话说，全球化对节日的影响是双向的。我们看到，西方的情人节、圣诞节、万圣节等节日在中国越来越流行；同样，中国的春节、中秋节也因为海外华人的推动而广为人知，使得中国文化的影响力不断增加，中国的传统习俗也在一些国家渐渐流行起来。

中国有中元节，西方人亦有类似的"鬼节"——万圣节。无论我们对西方的

| 南瓜灯 |

节日持何种态度，都应该有一些共识，那就是任何一个民族的节日必定联系着自身的文化传统，即与他们的历史、宗教、文化渊源相连。换一个较为极端的说法，就是"将别人的节日拿来过，有如把人家的祖宗牌位接来祭拜，却不知为何祭拜、祭拜的是何人"。就像过情人节却不懂"valentine"（情人）的意思，搞化装游行又不知道"carnival"（狂欢节）的含义，吃着火鸡也不明白要对谁感恩。下面就让我们来了解一下西方的"鬼节"——万圣节的传统和含义。

万圣节的由来

两千多年前，欧洲的基督教会把 11 月 1 日定为"天下圣徒之日"。传说公元前 500 年，居住在爱尔兰、苏格兰等地的凯尔特人将这一节日往前移了一天，即 10 月 31 日。他们认为这一天是夏天正式结束的日子，新年伊始，严冬也来临了。那时的人们相信，故人的亡魂会在这一天回到家乡在活人身上找寻生灵，借此重生，而且这是人在死后能获得再生的唯一希望。而活着的人则惧怕亡魂会夺走他们的生命，于是人们就在这一天熄掉炉火、烛光，又把自己打扮成妖魔鬼怪的样子，在街道上四处游荡，希望通过这种方式把亡魂吓走。最后，

他们又会把火种、烛光重新燃起，开始新一年的生活。

到了公元 1 世纪，占领了凯尔特部落领地的罗马人也渐渐接受了万圣节的习俗。罗马人庆祝丰收的节日与凯尔特人的仪式结合，人们戴着可怕的面具，打扮成动物或鬼怪的样子，希望能赶走在他们四周游荡的妖魔。这也就是今天全球大部分地区的人以古灵精怪的打扮庆祝万圣节的由来。

与很多传统节日一样，万圣节的内涵也逐渐发生了变化，喜庆娱乐的意味成了主流，传统节日中的很多形象成为一种符号象征，亡魂找生灵重生的最初含义也渐渐被淡化。如今，古代万圣节中恐怖的形象和面具也渐渐变得友善和滑稽起来。

| 万圣节南瓜灯 |

万圣节的另一种说法

在古代，凯尔特人相信是太阳神在帮助他们种植农作物。但是每年太阳神都会被一个名叫山姆海因（Samhain）的邪恶力量攻击并被囚禁六个月。山姆海因有两个称号："Lord of Dead"（死亡领主）和"Prince of Darkness"（暗黑王子）。10月31日，山姆海因将北方的冰寒和黑暗的冬天带到凯尔特人的土地上，凯尔特人感到非常恐惧，因为他们认为这天晚上众多邪恶的灵魂会潜伏在他们身边。于是，他们在家中生起火，想把邪恶的灵魂吓走（这和前面的说法相反，前面的说法是熄灭灯火，不让亡魂找到活人）。他们相信是山姆海因把死人叫出来的，他们

还相信他会把死人变为其他东西，比如黑猫。于是，凯尔特人便装扮成可怕的模样想把那群邪恶的灵魂赶走。

南瓜灯的传说

很久以前，爱尔兰地区有一个叫杰克的人，他既吝啬又喜欢搞恶作剧，还经常喝得醉醺醺的。有一天，杰克又喝醉了，在回家的路上意外撞见了一个恶魔，他把恶魔骗到了树上，随即在树桩上刻了一个十字，让恶魔无法从树桩上下来。然后恐吓恶魔，让恶魔答应他提出的条件，恶魔没有办法，只能和杰克做交易。恶魔施了魔法让杰克做任何坏事法律都无法制裁他。

因为杰克是和恶魔做过

| 万圣节南瓜灯 |

交易的人，在世时又品行不端，所以死后他的亡灵既不能上天堂也不能下地狱，只能靠一根小蜡烛照着。

最早的时候，爱尔兰人是将萝卜挖空来安放这根小蜡烛的。后来爱尔兰人到了美国后，发现南瓜不论是来源还是雕刻的难易程度都比萝卜简单，而且外形也比萝卜漂亮，也更接近于人脸的形状，于是南瓜灯就逐渐代替了萝卜灯。

因此，南瓜灯又叫杰克灯（Jack-O'-Lantern）。南瓜灯逐渐成了万圣节的标志物，而南瓜是橘红色的，因此，万圣节的标志颜色就是橘红色。

中元节的网上祭祀活动

网上祭祀是近些年来兴起的一种全新的祭祀方式。它借助互联网跨越时空的特性，将现实的纪念馆与公墓转移到互联网的虚拟空间中，方便人们随时随地祭奠已逝的亲人。一般人们会选择在逝者的祭日、清明、中元节、寒食节、春节前后等时间段进行网上祭祀。网上祭祀是传统祭祀方式的继承与延伸。逝者家属可以在相关网站上为逝者注册一块虚拟墓碑，家属可以将逝者的简介、生前的重要事迹、逝者的照片、视频等上传，还可以构建逝者的亲属关系网，逝者的后人可以在逝者纪念园进行祭拜，可以献上虚拟的鲜花、花烛、纸钱等，还可以留言寄托哀思。现在，

|中元节网上祭祀平台|

甚至可以制作一个二维码墓碑，将二维码雕刻在墓碑上，逝者的后人只需用手机扫一下墓碑上的二维码，就可以访问逝者在网上的虚拟纪念墓碑了。

目前，中元节的网上祭祀活动还比较少，没有清明节网上祭祀的影响大，但是在相关的主题网站上也已经有了中元节的专题祭祀活动。

随着网络信息时代的到来，人们或许会更多地选择在网络虚拟空间中进行各种与传统习俗相关的活动。

偶来人世值中元，不献元都

末日闲——中元节诗词文选录

偶来人世值中元，不献元都未日闲
——中元节诗词选录

中元作

唐·李商隐

绛节飘飖宫国来，
中元朝拜上清回。
羊权须得金条脱，
温峤终虚玉镜台。

曾省惊眠闻雨过，
不知迷路为花开。
有娀未抵瀛洲远，
青雀如何鸩鸟媒。

|盂兰盆会|

中元日观法事

唐·卢拱

西孟逢秋序，

三元得气中。

云迎碧落步，

章奏玉皇宫。

坛滴槐花露，

香飘柏子风。

羽衣凌缥缈，

瑶毂转虚空。

久慕餐霞客，

常悲习蓼虫。

青囊如可授，

从此访鸿蒙。

中元观法事步虚虚

唐·殷尧藩

兀都开秘录，

白石礼先生。

上界秋光净，

中元夜气清。

星辰朝帝处，

惊鹤步虚声。

玉洞花长发，

珠宫月最明。

扫坛天地肃，

投简鬼神惊。

傥赐刀圭药，

还留不死名。

中元夜

唐·李郢

江南水寺中元夜，
金粟栏边见月娥。
红烛影回仙态近，
翠鬟光动看人多。
香飘彩殿凝兰麝，
露绕轻衣杂绮罗。
湘水夜空巫峡远，
不知归路欲如何。

中元夜寄道侣（节选）

唐·陆龟蒙

橘斋风露已清馀，
东郭先生病未除。
孤枕易为蛩破梦，
短檐难得燕传书。
广云披日君应近，
倒影栽花我尚疏。
唯羡羽人襟似水，
平持旄节步空虚。

｜万盏河灯闹
"鬼节"｜

中元夜百花洲作

北宋·范仲淹

南阳太守清狂发，　　　莹然都在青玉壶。

未到中秋先赏月。　　　从来酷暑不可避，

百花洲里夜忘归，　　　今夕凉生岂天意。

绿梧无声露光滑。　　　一笛吹销万里云，

天学碧海吐明珠，　　　主人高歌客大醉。

寒辉射空星斗疏。　　　客醉起舞逐我歌，

西楼下看人间世，　　　弗歌弗舞如老何。

| 范仲淹画像 |

中元雨中呈子晋

南宋·朱熹

徂署尚繁郁，
大火空西流。
兹辰喜佳节，
凉雨忽惊秋。
婉晚兰径滋，
萧蔺庭树幽。
炎气一以去，

恢台逝不留。
刀笔随事屏，
尘嚣与心休。
端居讽道言，
焚香味真诹。
子亦玩文史，
及此同优游。

朱子自画像

月上海棠·中元塞外

清·纳兰性德

原头野火烧残碣，叹英魂、才魄暗销歇。终古江山，问东风、几番凉热。惊心事，又到中元时节。

凄凉况是愁中别，枉沉吟、千里共明月。露冷鸳鸯，最难忘、满池荷叶。青鸾杳，碧天云海音绝。

| 放河灯 |

图书在版编目（CIP）数据

中元节 / 吴新锋编著. -- 哈尔滨 ： 黑龙江少年儿童出版社，2017.12（2021.8重印）
（记住乡愁 ： 留给孩子们的中国民俗文化 / 刘魁立主编）
ISBN 978-7-5319-5605-1

Ⅰ．①中… Ⅱ．①吴… Ⅲ．①节日－风俗习惯－中国－青少年读物 Ⅳ．①K892.1-49

中国版本图书馆CIP数据核字(2017)第328144号

记住乡愁——留给孩子们的中国民俗文化　　　　　　刘魁立◎主编
中元节 ZHONGYUANJIE　　　　　　　　　　　　吴新锋◎编著

出 版 人：商　亮
项目策划：张立新　刘伟波
项目统筹：华　汉
责任编辑：李梦书　顾吉霞
整体设计：文思天纵
责任印制：李　妍　王　刚
出版发行：黑龙江少年儿童出版社
　　　　　（黑龙江省哈尔滨市南岗区宣庆小区8号楼 150090）
网　　址：www.1sbook.com.cn
经　　销：全国新华书店
印　　装：北京一鑫印务有限责任公司
开　　本：787 mm×1092 mm　1/16
印　　张：5
字　　数：50千
书　　号：ISBN 978-7-5319-5605-1
版　　次：2017年12月第1版
印　　次：2021年8月第3次印刷
定　　价：35.00元